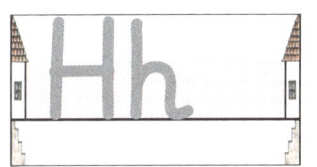

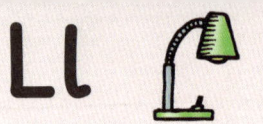

Ll

L

l

L	M	P	l	m	I	p	Ü	M	K	p	l	b	L	U
A	w	m	L	d	P	ö	e	B	l	D	l	m	C	p
l	M	s	P	p	x	B	m	L	R	e	p	L	z	M

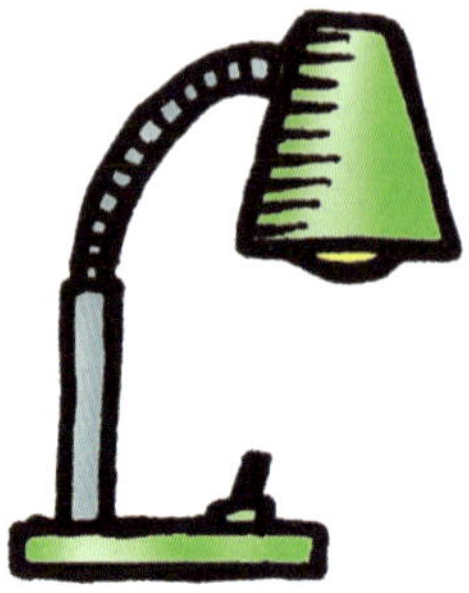

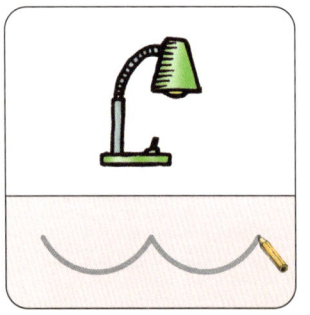

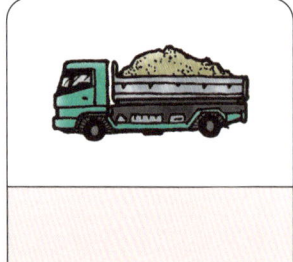

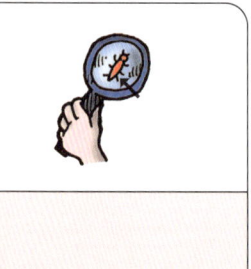

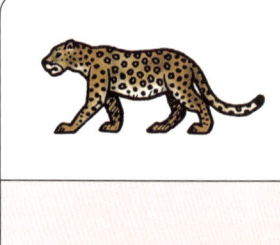

Inhalt

Male für jede Seite, die du bearbeitet hast, einen Stern aus! Viel Freude!

Verbinde!		4 5
Ll	Ll	6 7
Aa	Aa	8 9
Mm	Mm	10 11
Oo	Oo	12 13
Pp	Pp	14 15
Ee	Ee	16 17
Ss	Ss	18 19
Nn	Nn	20 21
Ii	Ii	22 23
Tt	Tt	24 25
Rr	Rr	26 27
Kk	Kk	28 29
Dd	Dd	30 31
Ei ei	Ei ei	32 33
Hh	Hh	34 35
Uu	Uu	36 37
Ww	Ww	38 39
Bb	Bb	40 41
Ff	Ff	42 43
Au au	Au au	44 45
St st	St st	46 47
Gg	Gg	48 49
Sch sch	Sch sch	50 51
Sp sp	Sp sp	52 53
Zz	Zz	54 55
Vv	Vv	56 57
Jj	Jj	58 59
Eu eu	Eu eu	60 61
Qu qu	Qu qu	62 63
Pf pf	Pf pf	64 65
Cc Ch	Cc Ch	66 67
Ää Öö	Ää Öö	68 69
Üü Xx	Üü Xx	70 71
-ie -tz	-ie -tz	72 73
-ck -ng	-ck -ng	74 75
-ß Yy	-ß Yy	76 77
Schreibe!		78 79 80 81 82

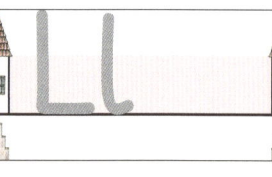

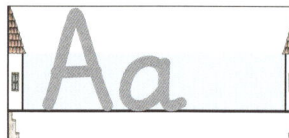

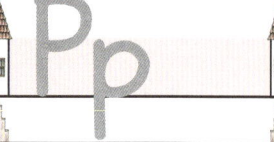

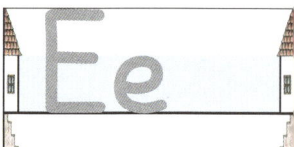

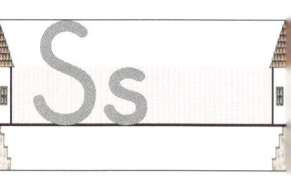

☒ ◻ ◻   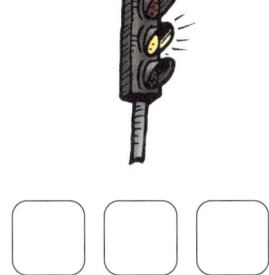 ◻ ◻ ◻    ◻ ◻ ◻    ◻ ◻ ◻

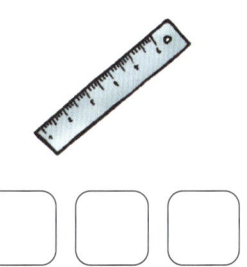 ◻ ◻ ◻    ◻ ◻ ◻    ◻ ◻ ◻   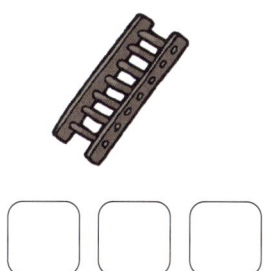 ◻ ◻ ◻

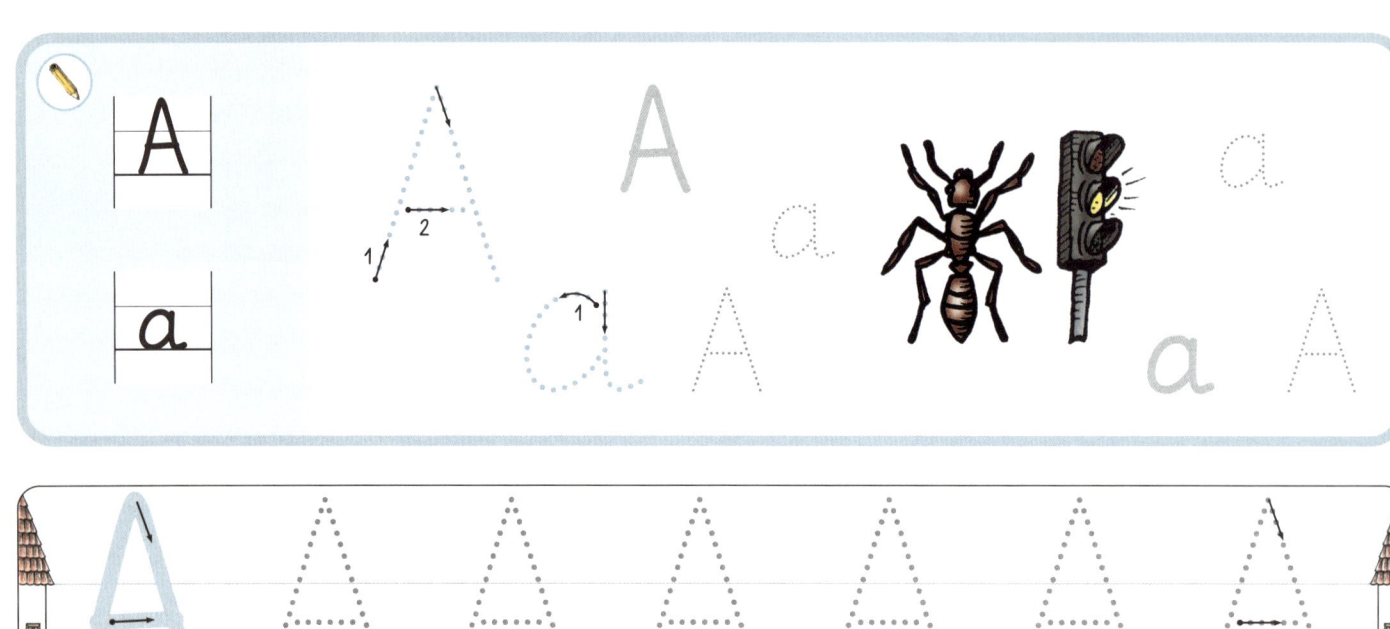

Q	A	E	R	r	T	z	a	l	o	p	A	s	D	F
a	S	C	u	h	J	K	a	d	y	C	A	b	V	m
Y	x	a	t	Q	x	U	P	j	A	L	s	S	A	a

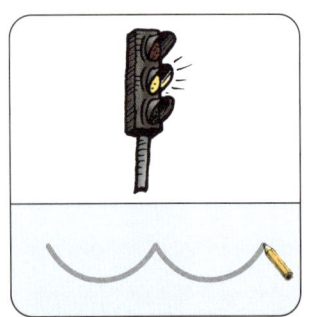

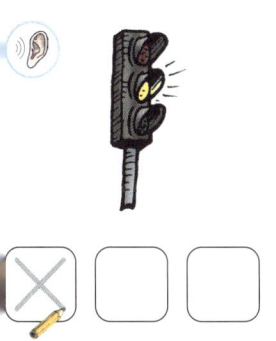

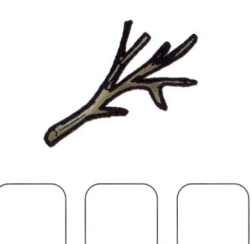

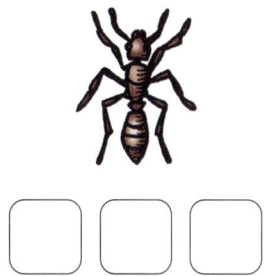

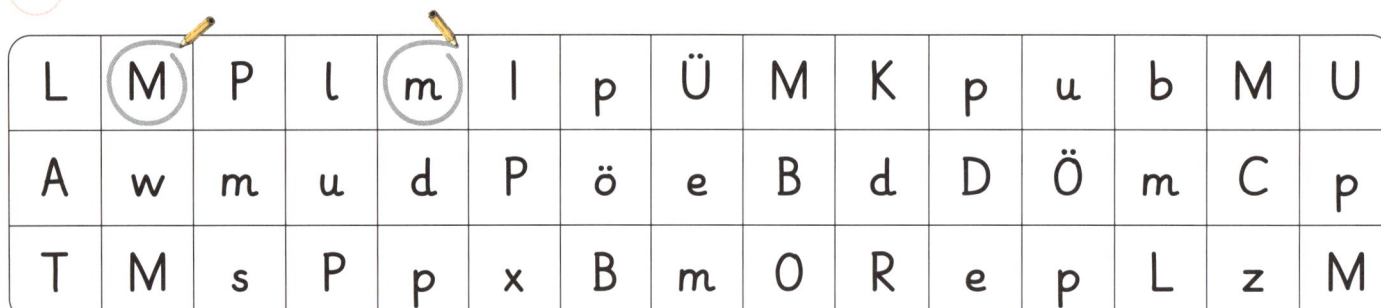

L	M	P	l	m	l	p	Ü	M	K	p	u	b	M	U
A	w	m	u	d	P	ö	e	B	d	D	Ö	m	C	p
T	M	s	P	p	x	B	m	O	R	e	p	L	z	M

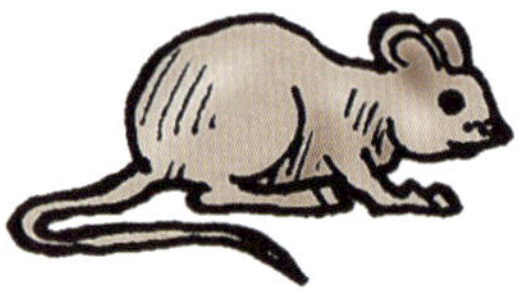

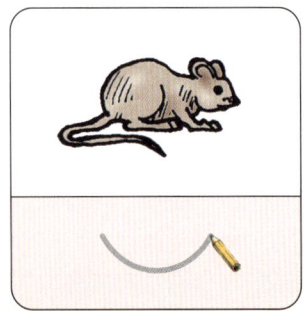

M M M M M M M M M M M M M M M M M M M M

m m m m m m m m m m m m m m m m m m m

M M   M

m m   m

Mm Mm   Mm

☒ ☐ ☐   ☐ ☐ ☐   ☐ ☐ ☐   ☐ ☐ ☐

☐ ☐ ☐   ☐ ☐ ☐   ☐ ☐ ☐   ☐ ☐ ☐

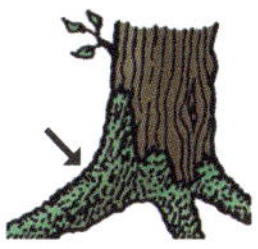

Mama   Mama

Lama   Lama

Lamm   Lamm

Q	w	E	O	m	l	o	Ü	M	K	p	u	b	O	U
A	w	m	u	d	O	ö	o	B	d	O	Ö	m	C	p
T	O	s	P	p	x	B	m	O	R	e	p	o	Z	m

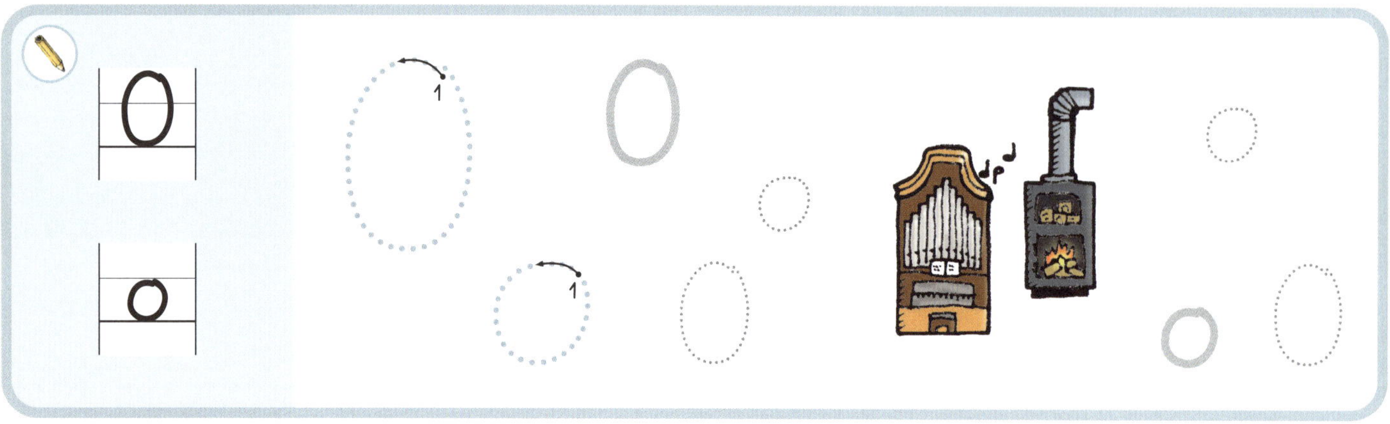

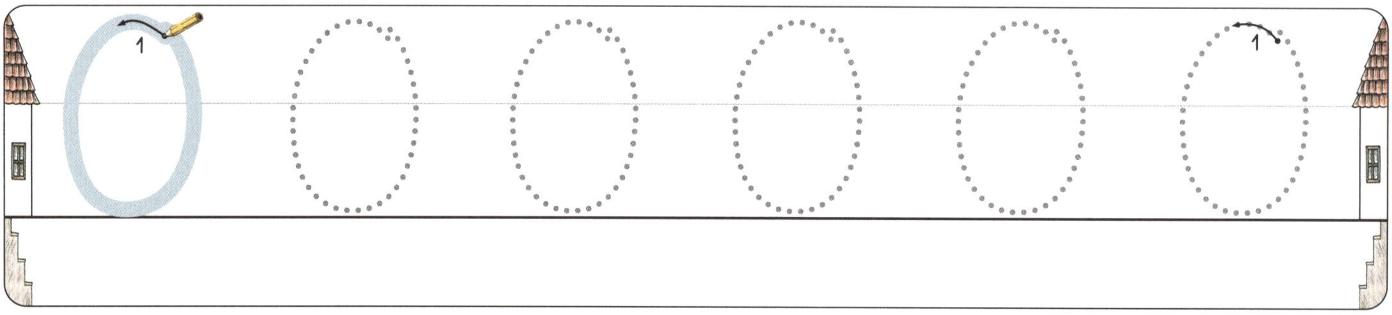

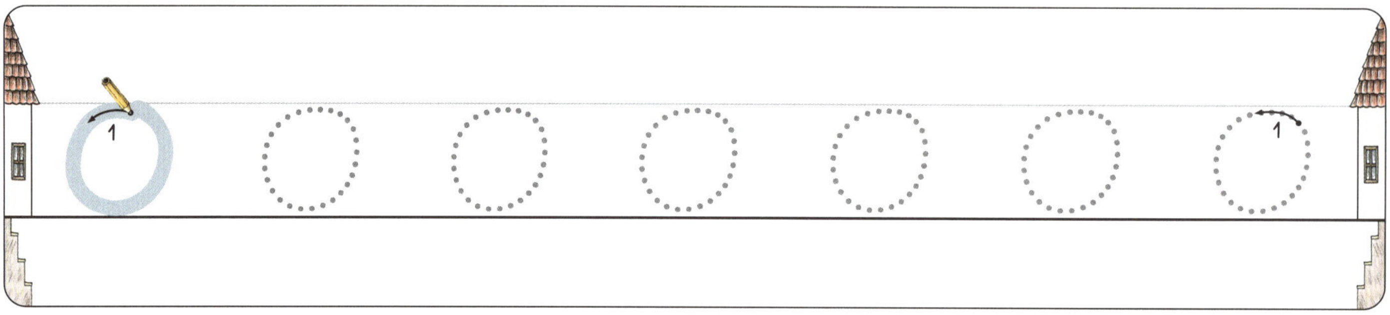

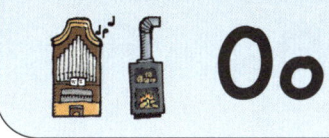

Oo

O O O O O O O O O O O O O

o o o o o o o o o o o o o

O O O

o o o

Oo Oo Oo

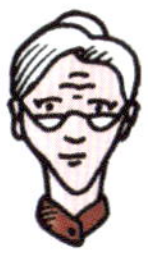

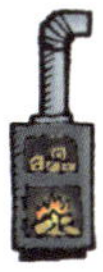

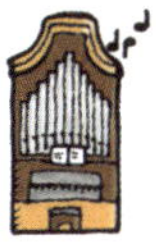

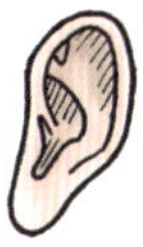

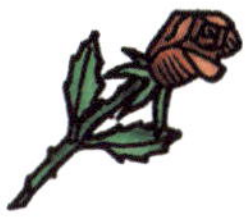

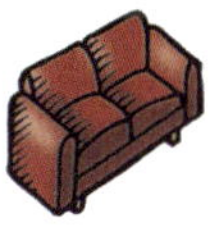

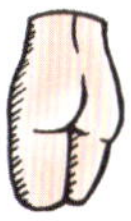

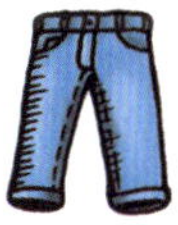

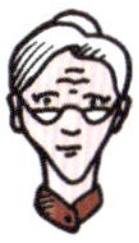

Oma Oma

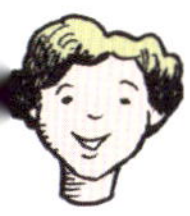

Momo Momo

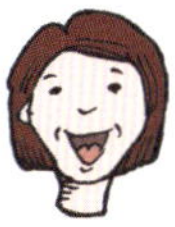

Lola Lola

P p

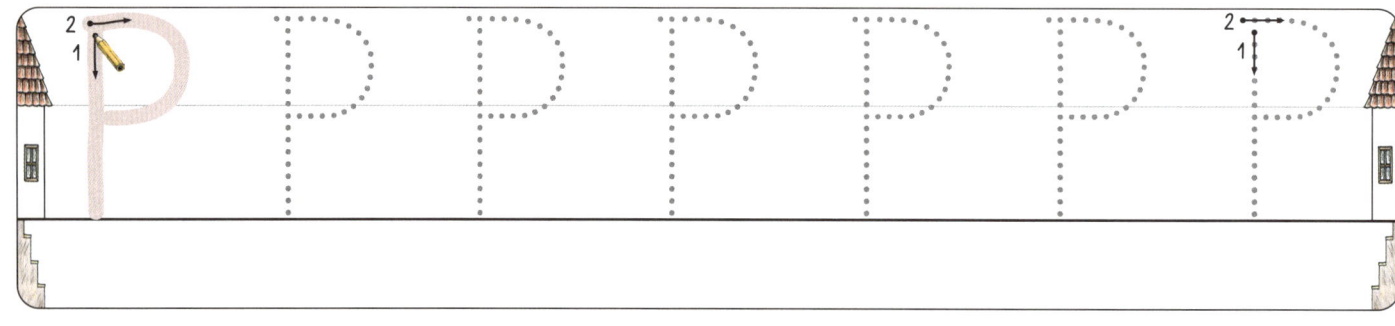

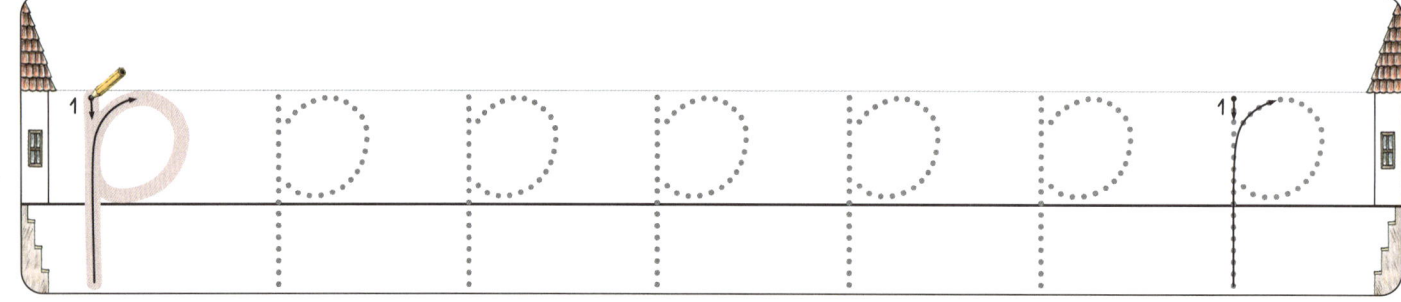

L	M	P	l	m	I	p	Ü	M	K	p	u	b	M	U
A	p	m	u	d	P	ö	e	B	d	D	Ö	m	C	p
T	M	s	P	P	x	B	m	O	R	e	p	L	z	M

   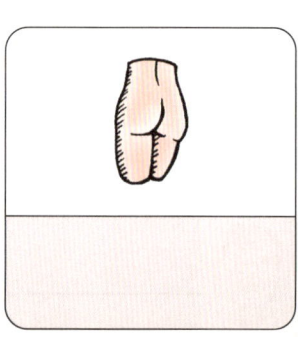

P P P P P P P P P P P P P P P P P

p p p p p p p p p p p p p p p p p

P P P

p p p

Pp Pp Pp

[ ] [ ] [ ]   [ ] [ ] [ ]   [ ] [ ] [ ]   [ ] [ ] [ ]

[ ] [ ] [ ]   [ ] [ ] [ ]   [ ] [ ] [ ]   [ ] [ ] [ ]

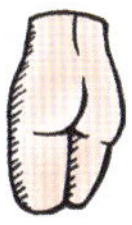

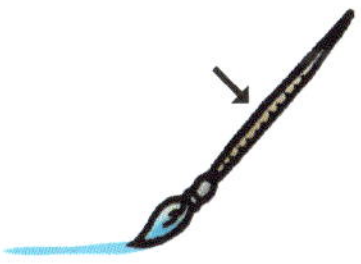

Papa Papa

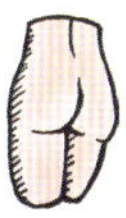

Po Po

Opa Opa

Ee

E
e

E

1 2
3
4

e
1

E

e

E

e

E

E

1 2
3
4

e
1

e

e

e

e

e

e

e
1

E	M	P	r	m	e	p	Ü	P	K	p	e	b	i	U
A	e	m	u	d	P	ö	e	B	d	E	Ö	m	F	v
W	M	e	P	P	p	x	E	i	O	R	e	p	L	u	M

✏️

E E E E E E E E E E E E E

e e e e e e e e e e e e e

E E E

e e e

Ee Ee Ee

👂

☐ ☐ ☐   ☐ ☐ ☐   ☐ ☐ ☐   ☐ ☐ ☐

☐ ☐ ☐   ☐ ☐ ☐   ☐ ☐ ☐   ☐ ☐ ☐

✏️

Lampe Lampe

Palme Palme

Ampel Ampel

S s

S S s s

s S s s

S S S S S S

S S S S S S

S	M	P	l	m	l	s	Ü	M	K	p	u	b	S	U
A	s	m	S	d	P	ö	e	B	d	D	Ö	m	C	s
T	M	s	P	p	x	B	m	S	R	e	p	s	S	M

Nn

N

n

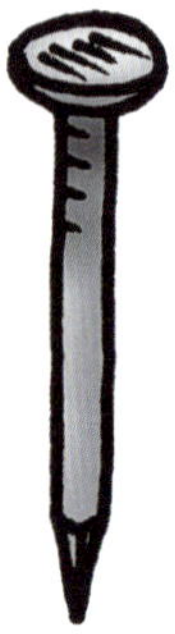

N N N N N N N

n n n n n n n

N	e	b	y	m	l	u	Ü	M	K	n	u	n	M	d
F	w	N	u	d	P	n	e	G	d	D	S	m	n	F
Q	m	s	p	E	x	n	m	O	P	e	p	n	z	M

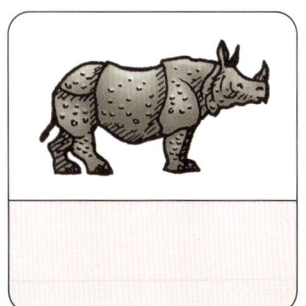

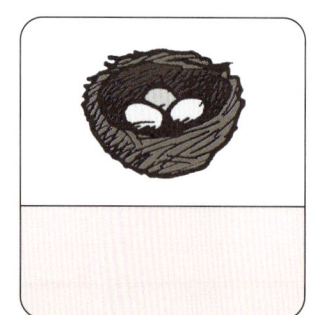

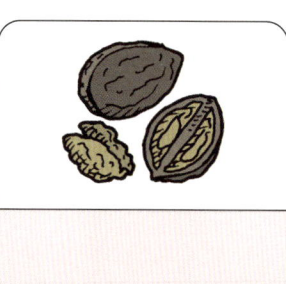

g

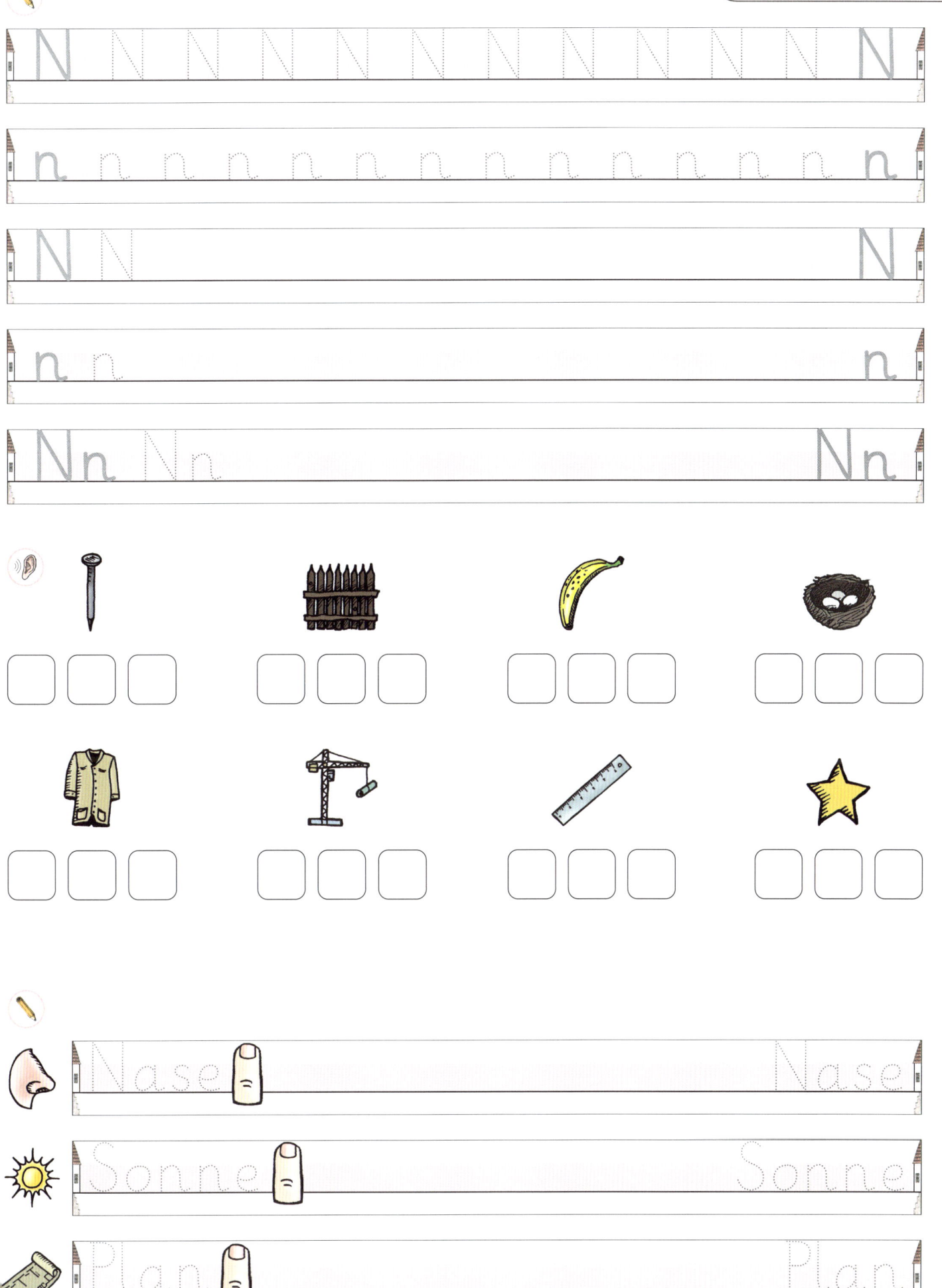

Ii

L	M	P	I	m	i	p	Ü	v	K	p	t	i	F	g
e	W	m	u	i	P	ö	l	B	d	l	Ö	m	f	i
i	M	R	P	p	i	B	m	O	R	i	p	L	I	M

li

i i i i i i i i i i i i i i

i

i i

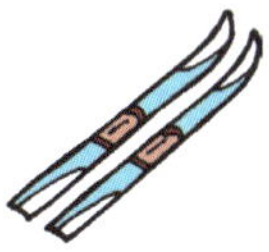

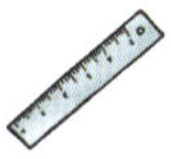

Lineal   Lineal

Limo   Limo

Lippen   Lippen

Tt 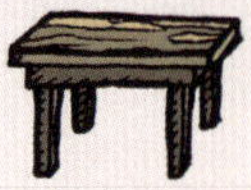

T

t

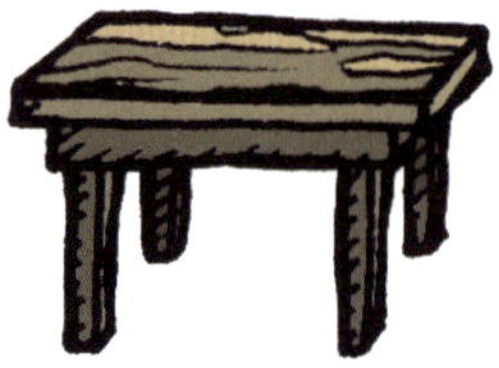

T t

T	M	P	l	m	t	p	Ü	M	t	F	U	b	o	U
A	f	m	t	d	P	ö	t	B	d	D	T	m	o	p
ä	M	T	P	ü	x	t	m	O	R	e	p	T	z	M

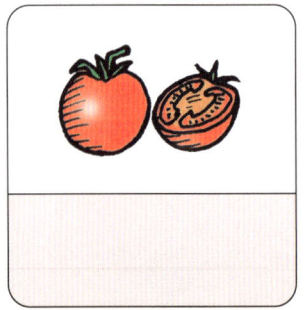

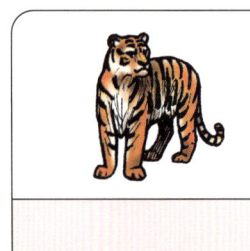

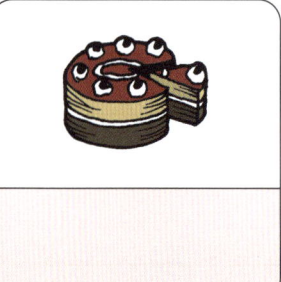

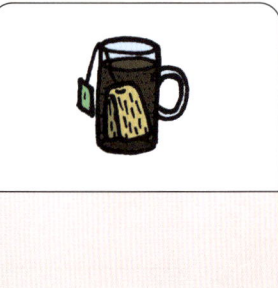

T T T T T T T T T T T T T T

t t t t t t t t t t t t t t

T T

t t

Tt Tt Tt

Ast Ast

Tonne Tonne

Tee Tee

Rr

R

r

R R R R R R

r r r r r r r r

e	M	w	l	R	l	q	Ü	R	K	r	u	b	M	R
r	w	m	u	r	P	ö	e	B	R	d	J	m	o	p
T	r	s	P	r	x	B	R	O	R	e	p	i	z	M

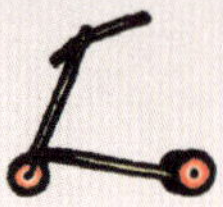

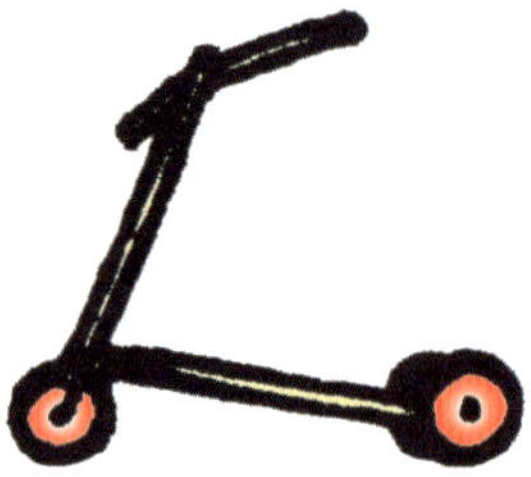

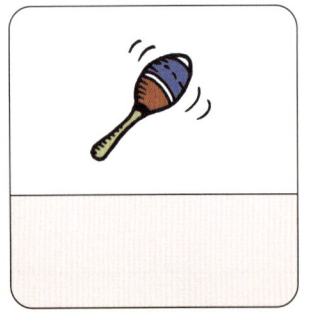

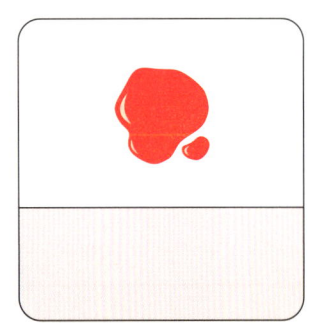

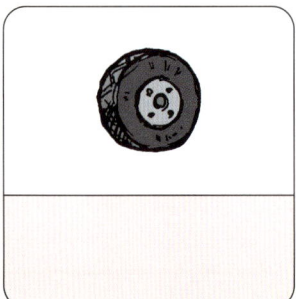

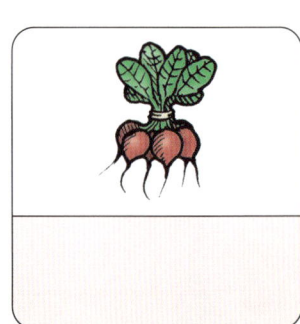

R R R R R R R R R R R R R R

r r r r r r r r r r r r r

R R   R

r r   r

Rr Rr   Rr

Rassel   Rassel

Rose   Rose

Perlen   Perlen

Kk

K
k

K K k k k k

K K K K K K K K

k k k k k k k k

E	M	w	l	m	I	k	Ü	M	K	p	k	b	A	i
V	w	k	u	d	P	K	e	B	d	D	K	m	d	p
T	v	s	P	p	e	B	k	O	K	e	p	L	z	K

Kk

K K K K K K K K K K K K K K

k k k k k k k k k k k k k k

K K K

k k

Kk Kk Kk

Kran Kran

Anker Anker

Kamel Kamel

Dd

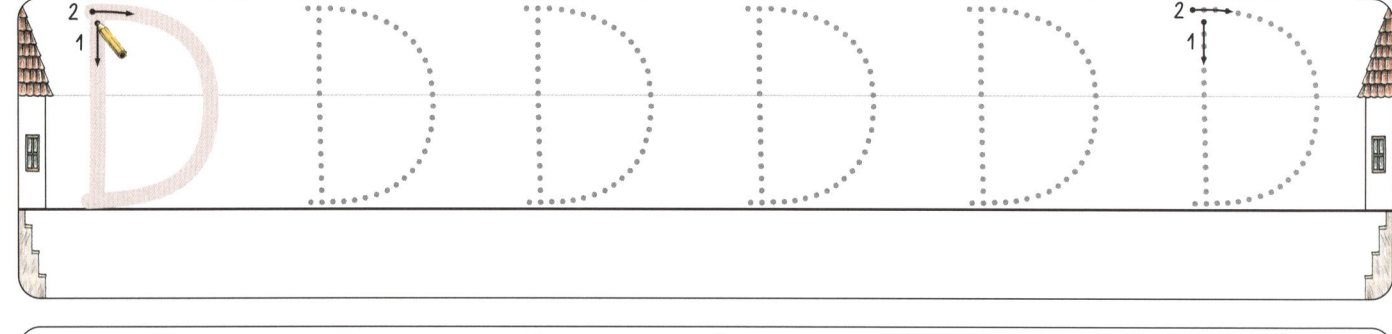

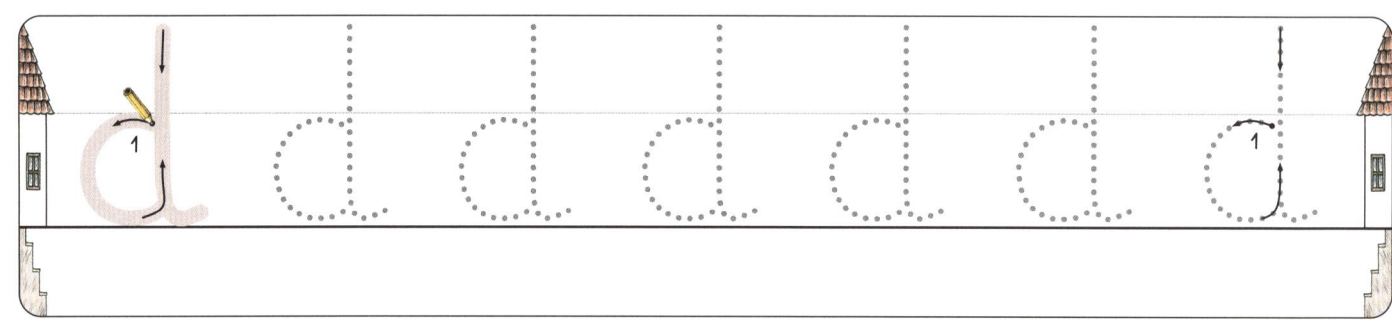

D	M	P	l	m	l	d	Ü	M	K	p	u	d	M	U
A	w	D	u	d	P	d	e	B	d	D	Ö	m	D	p
d	m	s	P	p	x	B	m	D	R	e	d	L	z	M

D D D D D D D D D D D D D D D D

d d d d d d d d d d d d d d d d

D D D

d d d

Dd Dd Dd

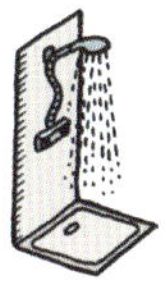

Dino Dino

Radio Radio

Krokodil Krokodil

Ei ei

Ei

ei

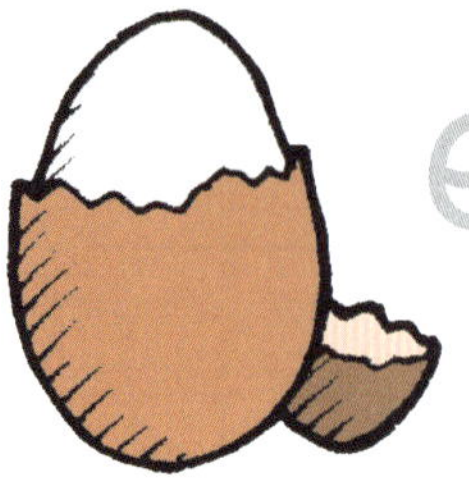

Ei ei

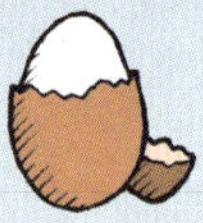

Ei

ei

Au	Pf	ch	Eu	Ei	St	Sp	au	ei	Pf	pf	Sp	au	St	Ei
Ch	au	ei	st	de	Au	Ei	ch	eu	Sp	ch	Au	ei	Ch	pf
Au	ei	ch	Eu	st	au	ch	Au	Ei	St	ei	au	Ch	Pf	Au

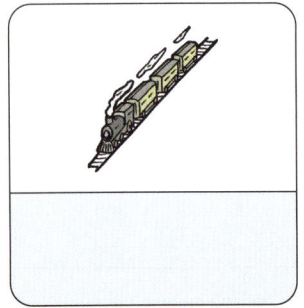

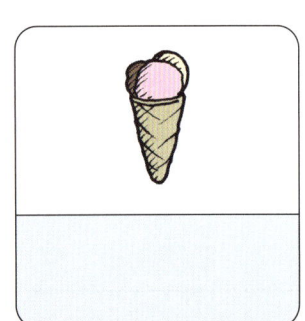

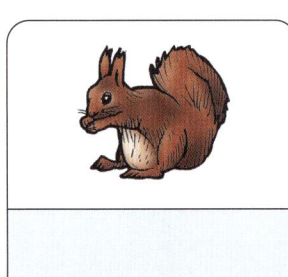

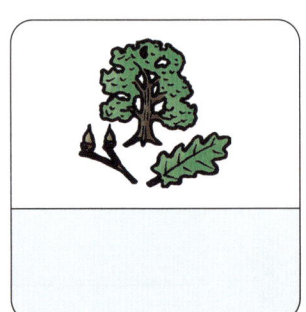

Ei Ei Ei Ei Ei Ei Ei Ei Ei Ei Ei

ei ei ei ei ei ei ei ei ei ei ei

Ei Ei Ei

ei ei ei

Ei ei Ei ei Ei ei

☐☐☐   ☐☐☐   ☐☐☐   ☐☐☐

☐☐☐   ☐☐☐   ☐☐☐   ☐☐☐

Eimer   Eimer

Leiter   Leiter

Seil   Seil

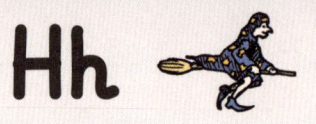

Hh

H

h

A	M	P	H	m	l	p	Ü	M	h	p	u	h	M	U
L	h	m	u	d	P	A	e	H	d	D	a	m	C	p
s	m	s	P	a	h	B	m	O	A	e	H	L	a	A

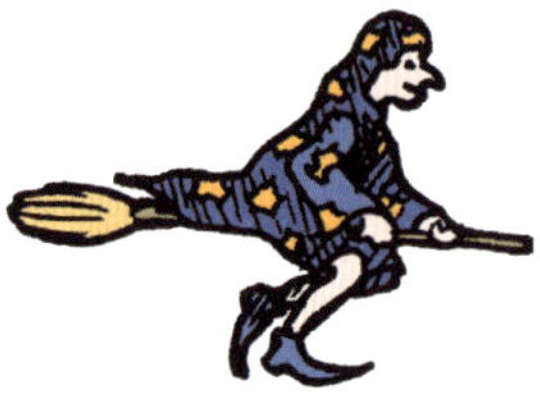

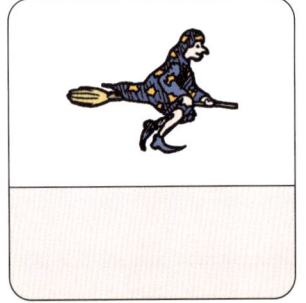

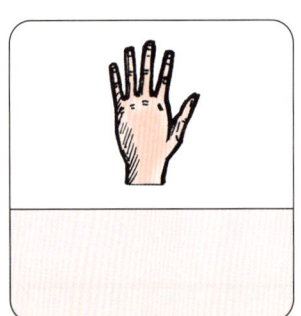

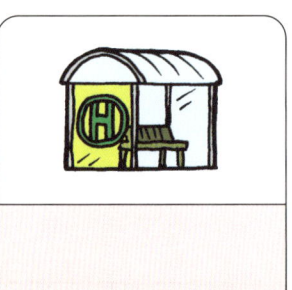

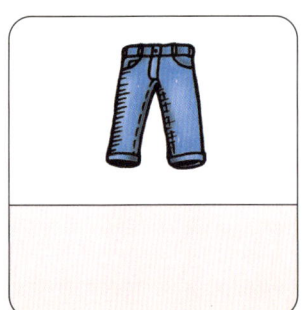

Hh

H H H H H H H H H H H H H H H

h h h h h h h h h h h h h h h

H H

h h

Hh Hh Hh

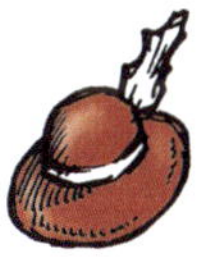

Hose

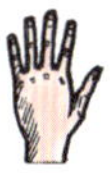

Hand

Nashorn

© sternchenverlag GmbH 35

U u

U U u u U

U

u

L	U	P	l	m	u	p	Ü	M	K	p	u	b	M	U
A	w	m	u	d	P	ö	e	B	U	D	Ö	m	u	p
Q	M	s	u	p	x	B	m	U	R	e	p	l	u	M

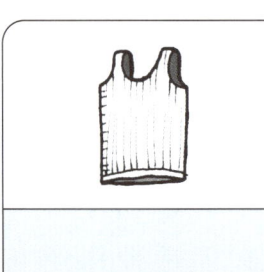

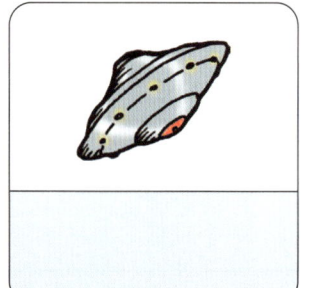

 Uu

U U U U U U U U U U U U U U U

u u u u u u u u u u u u u

U U

u u u

Uu Uu Uu

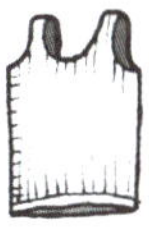

Turm Turm

Hund Hund

Uhr Uhr

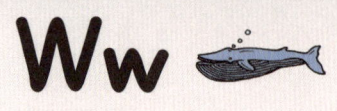

Ww

W

w

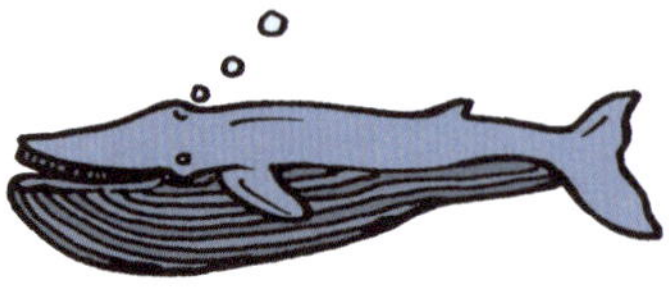

W	M	P	l	m	I	w	Ü	M	K	p	u	W	M	U
i	E	m	u	d	P	w	e	B	d	W	Ö	m	W	p
H	M	s	P	w	x	B	w	O	R	e	p	L	z	W

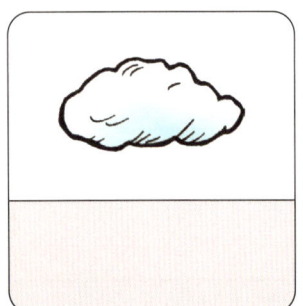

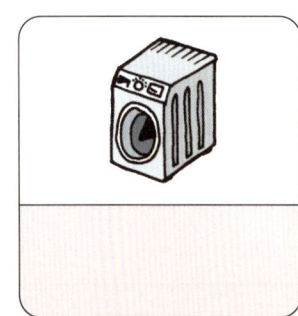

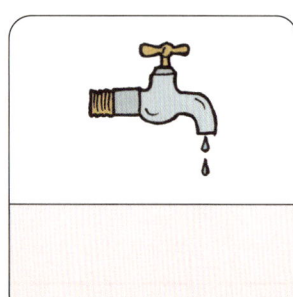

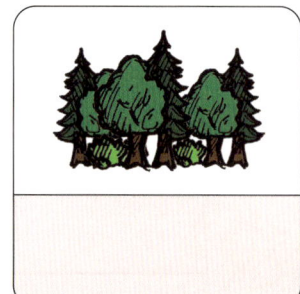

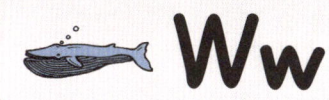

Ww

W W W W W W W W W W

w w w w w w w w w w w w

W W W

w w w

Ww Ww Ww

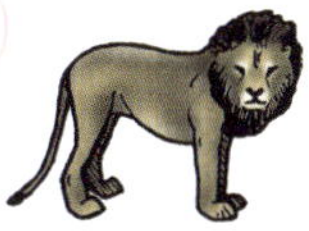

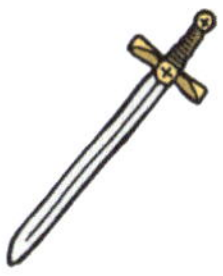

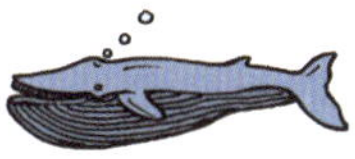

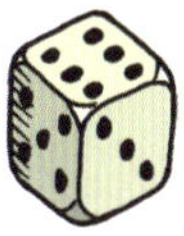

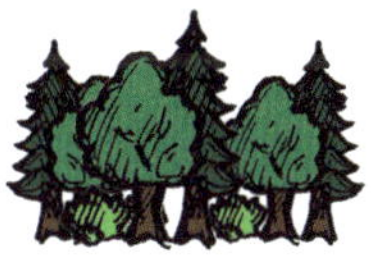

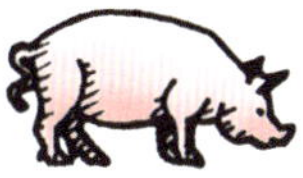

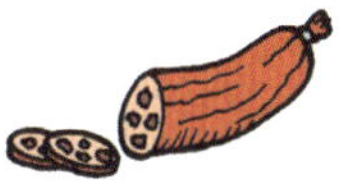

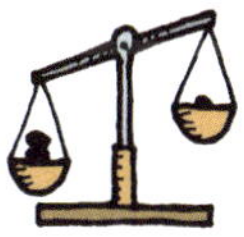

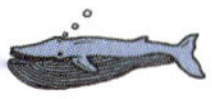 Wal Wal

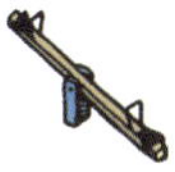 Wippe Wippe

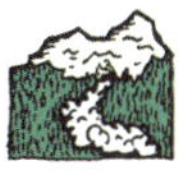 Lawine Lawine

Bb

B B b b
b B B
b B

b b b b b b

Q B P l m l B Ü M k p u b M U
i w m u B P ö e B d D Ö m C b
o M B P a x B m O R b p L z e

Bb

B B B B B B B B B B B B B

b b b b b b b b b b b b

B B B

b b

Bb Bb Bb

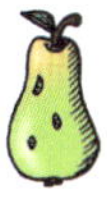

Birne Birne

Rabe Rabe

Brot Brot

Ff

F f

F

F f

f

F f

f

F f

F

---

e | M | P | l | F | l | p | Ü | M | f | p | u | b | f | U
f | w | m | u | f | P | ö | e | B | d | F | Ö | m | k | p
T | F | s | P | p | x | B | m | O | f | e | p | L | M | f

Ff

F F F F F F F F F F F F F F F F F F

f f f f f f f f f f f f f f f f f

F F F

f f f

Ff Ff Ff

Feder

Affe

Sofa

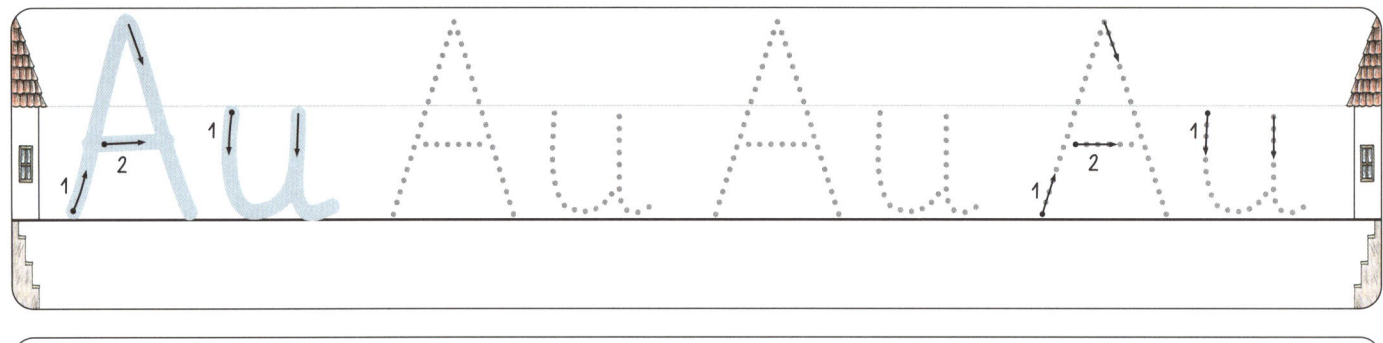

Au	St	ch	Eu	Ei	St	Sp	au	ei	Pf	pf	Sp	au	St	sp
Ch	au	ei	st	ch	ei	au	Ch	Pf	Sp	ch	Au	ei	Ch	pf
ei	st	Ch	Pf	st	au	ch	Au	Ei	St	ei	au	Ch	Pf	ch

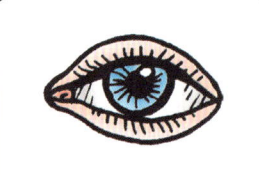

Au Au Au Au Au Au Au Au Au Au

au au au au au au au au au au

Au Au .... Au

au au .... au

Au au Au au .... Au au

Auto .... Auto

Raupe .... Raupe

Maus .... Maus

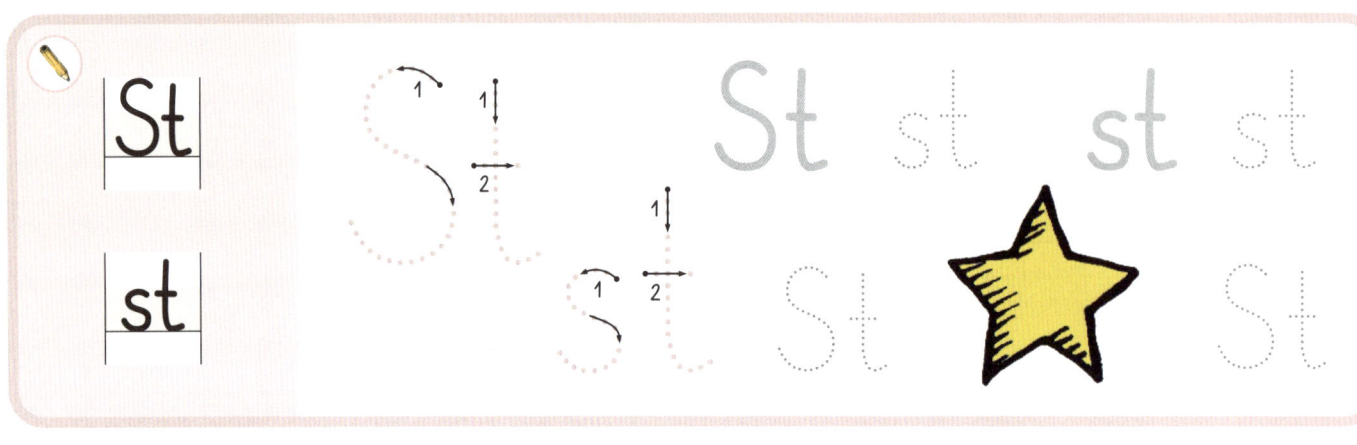

Au	St	ch	Eu	Ei	st	Sp	au	ei	Pf	pf	Sp	au	St	sp
Ch	au	ei	st	ch	ei	au	Ch	Pf	St	ch	Au	ei	Ch	St
ei	au	Ch	Pf	st	au	ch	Au	Ei	St	ei	au	Ch	Pf	Au

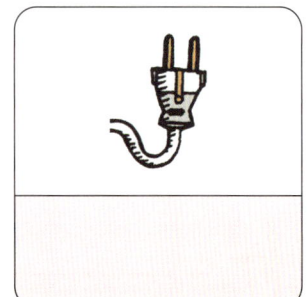

St St St St St St St St St St St St St St

st st st st st st st st st st st st st st

St St   St

st   st   st

St st St st   St st

St e r n  Stern

Stift

Stuhl

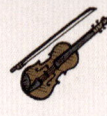

G

g

E	f	P	l	G	I	p	Ü	M	K	p	g	b	g	U
A	w	g	u	d	G	ö	e	B	g	D	Ö	m	C	p
T	G	s	P	p	x	B	m	G	R	e	p	L	z	g

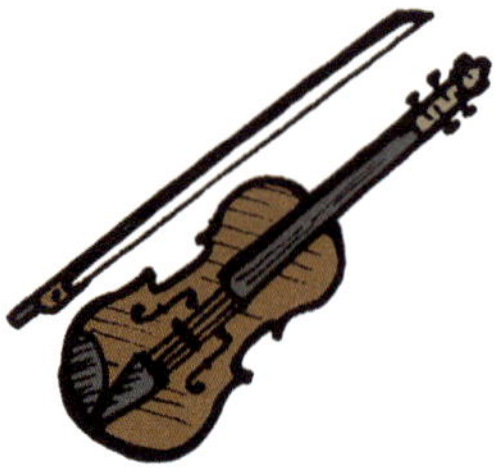

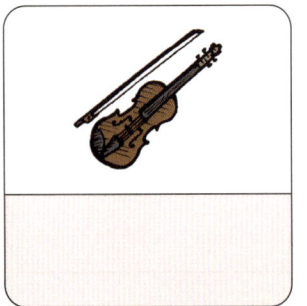

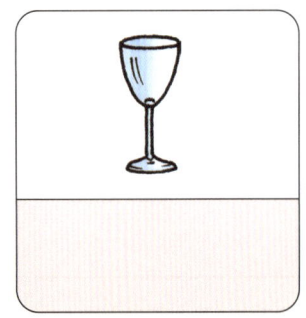

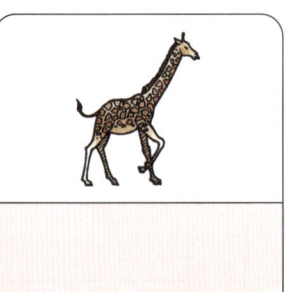

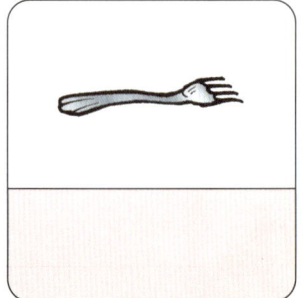

G G G G G G G G G G G G G

g g g g g g g g g g g g g g

G G G

g g g

Gg Gg Gg

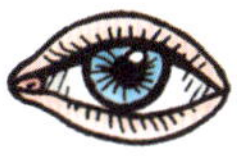

Geige Geige

Gurke Gurke

Bagger Bagger

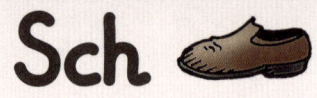

Sch

Sch

sch

Sch Sch

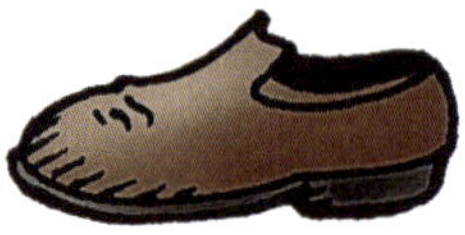

sch sch

Sch Sch Sch

sch sch sch

Au	sch	ch	Eu	Ei	st	Sp	au	ei	Pf	pf	sch	au	St	sp
Ch	au	ei	st	sch	ei	au	Ch	Pf	St	sch	Au	ei	Ch	Sch
ei	au	sch	Pf	st	au	sch	Sch	Ei	St	ei	au	sch	Pf	Au

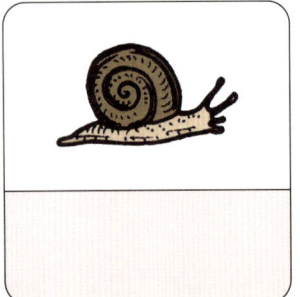

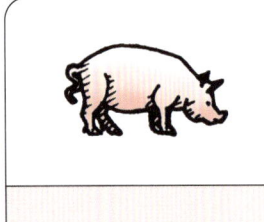

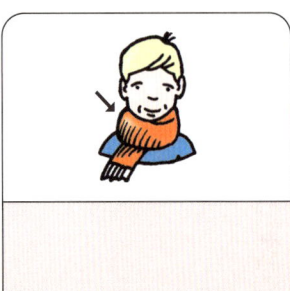

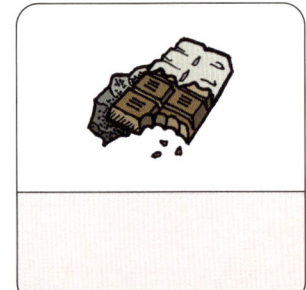

Sch Sch Sch Sch Sch Sch Sch Sch Sch

sch sch sch sch sch sch sch sch sch

Sch Sch Sch

sch sch sch

Sch sch Sch sch Sch sch

☐☐☐   ☐☐☐   ☐☐☐   ☐☐☐

☐☐☐   ☐☐☐   ☐☐☐   ☐☐☐

Schaf   Schaf

Fisch   Fisch

Schal   Schal

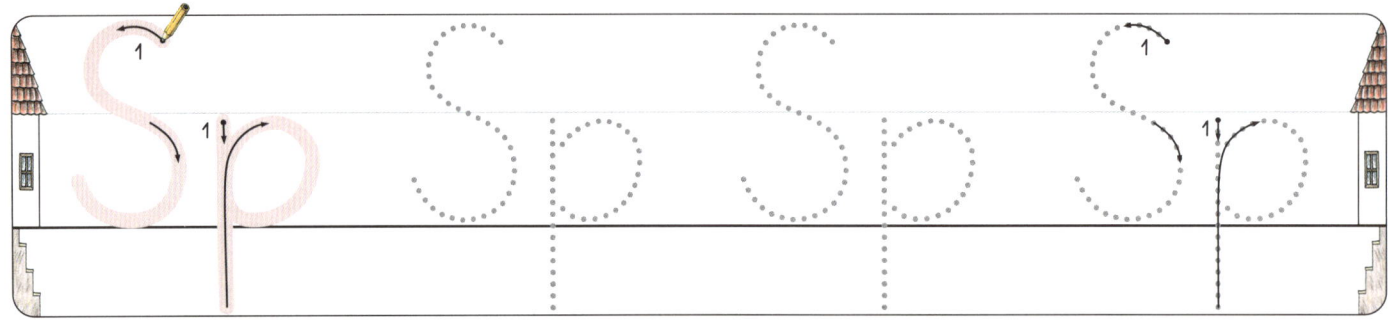

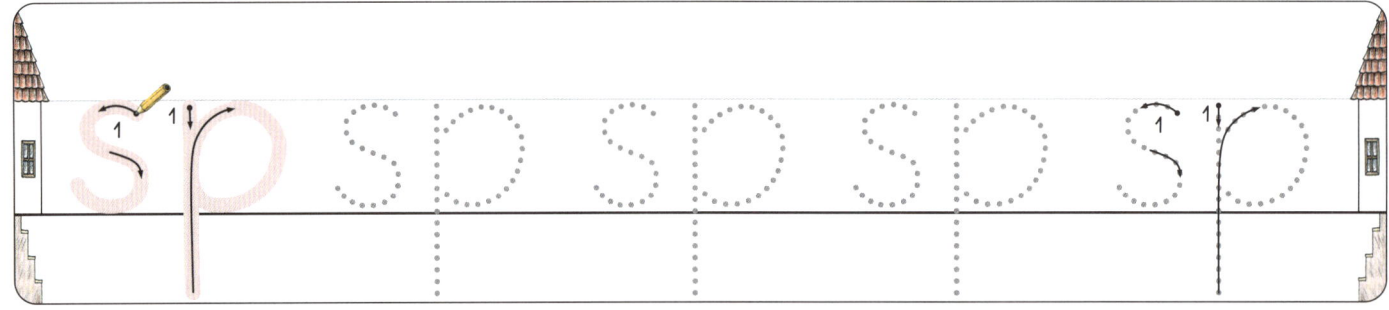

Au	Sp	ch	Eu	Ei	st	Sp	au	ei	Pf	pf	Sch	au	St	sp
Ch	au	ei	sp	sch	ei	au	Ch	Pf	St	sp	Au	ei	Ch	Sp
sp	au	sch	Pf	st	au	sch	Sp	Ei	St	ei	au	sp	Pf	Au

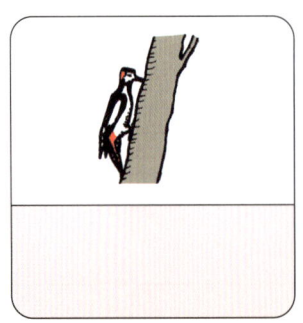

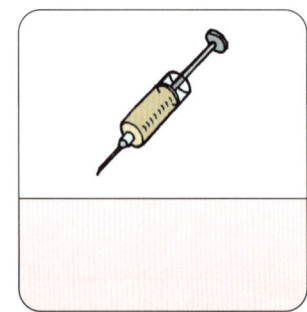

Sp Sp Sp Sp Sp Sp Sp Sp Sp Sp

sp sp sp sp sp sp sp sp sp sp

Sp Sp Sp

sp sp sp

Sp sp Sp sp Sp sp

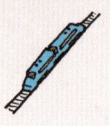

Zz

Z

z

Z	M	P	z	m	I	p	Ü	z	K	p	l	b	L	U
A	w	m	L	z	P	ö	e	B	l	Z	l	m	Z	p
l	M	s	P	z	x	Z	m	L	R	e	p	L	M	g

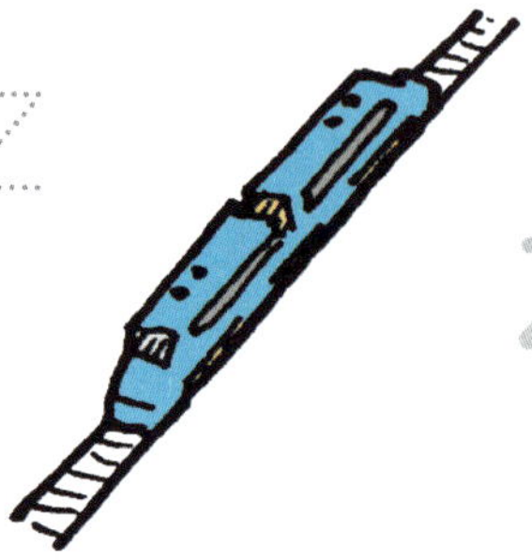

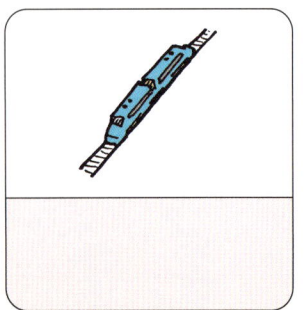

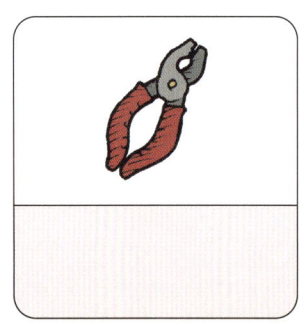

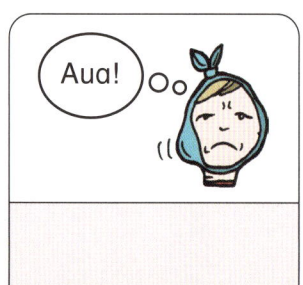

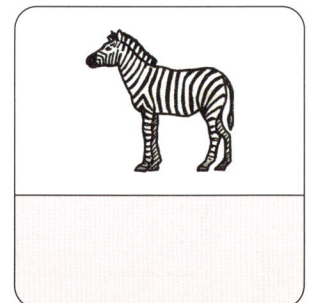

10 Zahlwort

V v

V
V

V	M	P	l	m	V	p	Ü	v	K	p	u	b	M	v
A	w	v	u	d	P	ö	V	e	d	D	Ö	V	C	p
T	M	V	P	p	x	B	m	V	R	e	p	L	v	M

4

V V V V V V V V V V V V V

v v v v v v v v v v

V V

V V

Vv Vv Vv Vv

Vogel Vogel

Vase Vase

Klavier Klavier

Jj

J J J J J J

J J J J J

J J J J J J

j j j j j j

L	M	P	l	j	l	p	Ü	M	J	p	u	b	j	U
A	J	m	u	d	P	ö	e	j	d	D	J	m	Ö	p
T	M	s	j	p	x	B	m	O	J	e	p	L	z	j

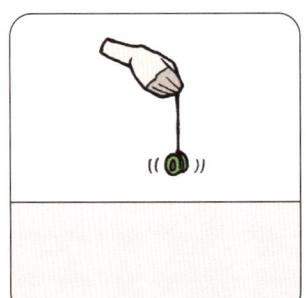

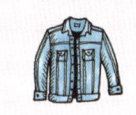

J J J J J J J J J J J J J J J J

j j j j j j j j j j j j j j j j

J J J

j j j

Jj Jj Jj

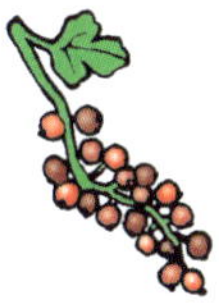

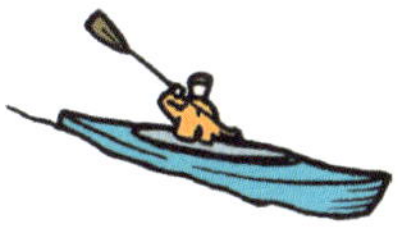

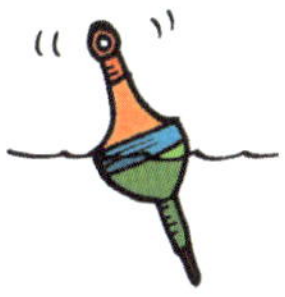

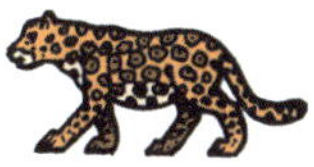

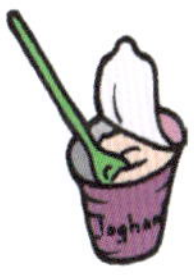

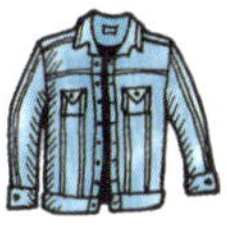

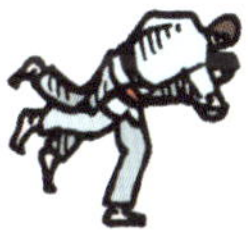

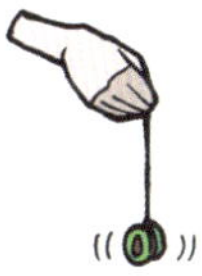

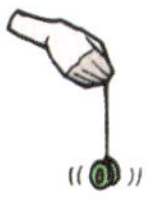

Jo-Jo Jo-Jo

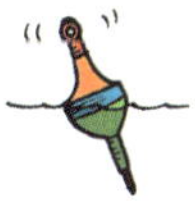

Boje Boje

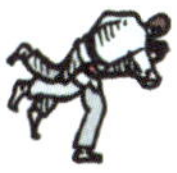

Judo Judo

Eu 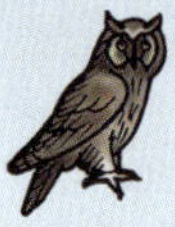

Eu

eu

Eu Eu eu eu eu Eu Eu eu Eu

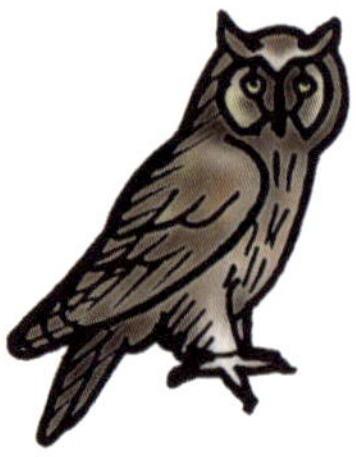

Eu Eu Eu Eu

eu eu eu eu

Au	Eu	ch	sp	Ei	st	Sp	au	eu	Pf	pf	sch	eu	St	sp
Ch	au	ei	Eu	sch	ei	eu	Ch	Pf	St	sp	Au	ei	Ch	eu
sp	au	eu	Pf	st	au	sch	eu	Ei	St	ei	eu	sp	Pf	Au

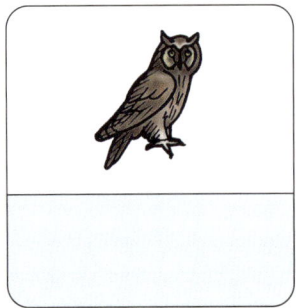

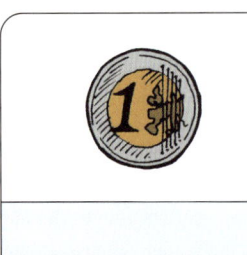

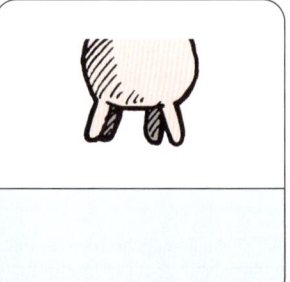

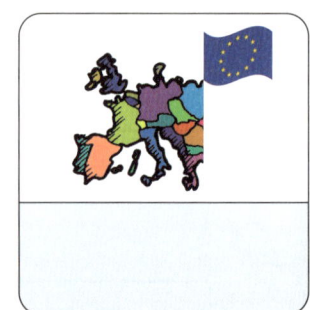

✏️

Eu Eu Eu Eu Eu Eu Eu Eu Eu Eu

eu eu eu eu eu eu eu eu eu eu

Eu Eu   Eu

eu eu   eu

Eu eu Eu eu   Eu eu

👂

☐☐☐   ☐☐☐   ☐☐☐   ☐☐☐

☐☐☐   ☐☐☐   ☐☐☐   ☐☐☐

✏️

Eule   Eule

Feuer   Feuer

Heu   Heu

Qu
qu

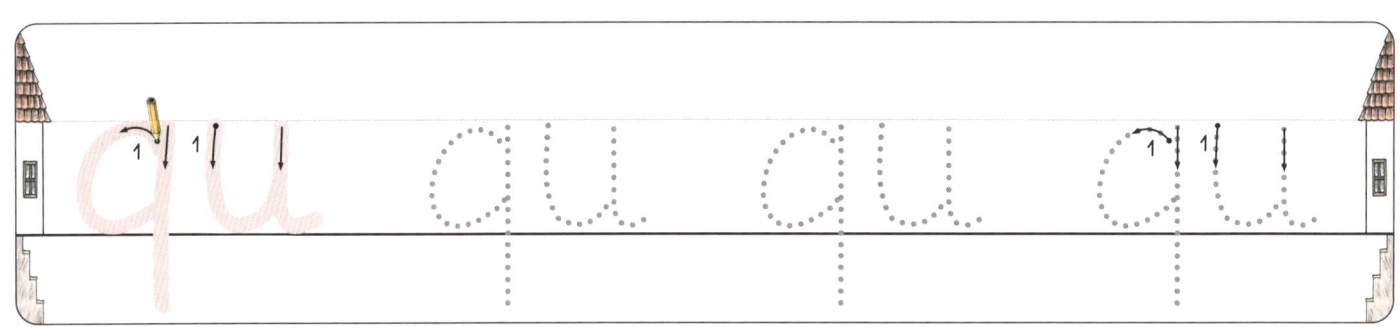

Au	qu	ch	sp	Ei	st	Sp	qu	eu	Pf	pf	sch	Qu	St	sp
Ch	au	qu	Eu	sch	ei	eu	Ch	Qu	St	sp	Au	ei	qu	eu
sp	qu	eu	Pf	st	qu	sch	eu	Ei	St	Qu	eu	sp	Pf	Au

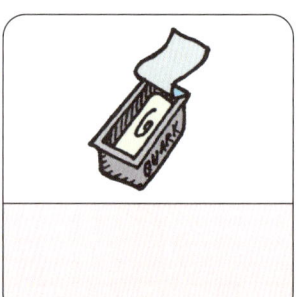

Qu Qu Qu Qu Qu Qu Qu Qu Qu

qu qu qu qu qu qu qu qu qu

Qu Qu   Qu

qu qu   qu

Qu qu Qu qu   Qu qu

Qualle   Qualle

Qualm   Qualm

Quirl   Quirl

Quartett   Quartett

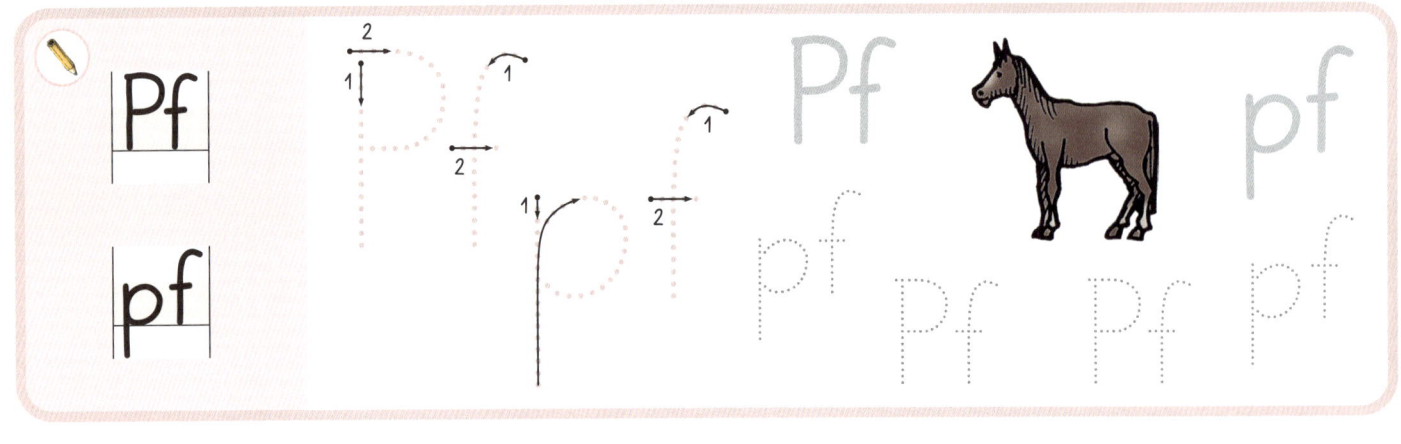

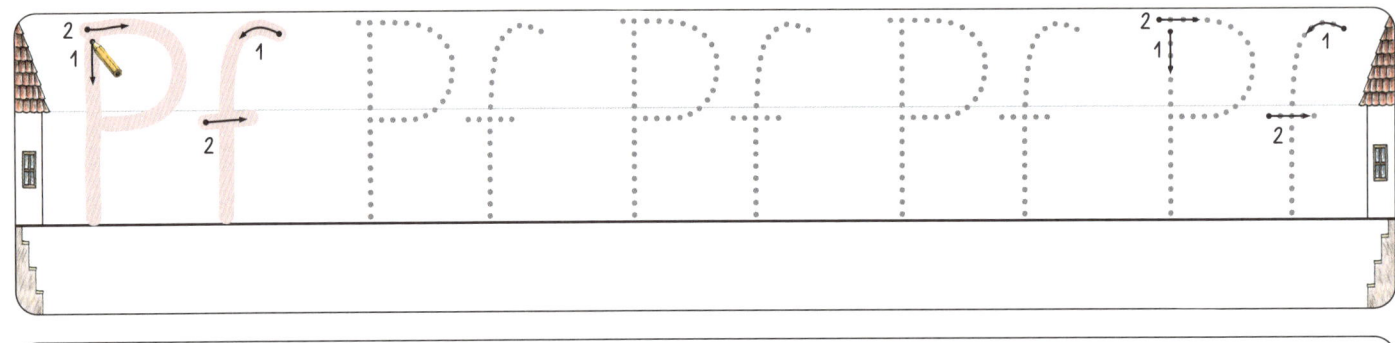

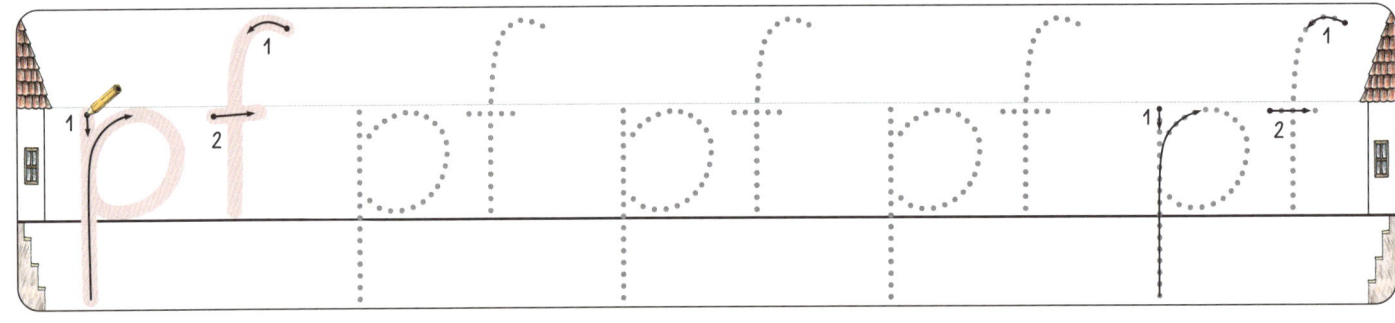

Au	pf	ch	sp	Ei	st	Pf	qu	eu	Pf	pf	sch	Qu	St	sp
Ch	au	pf	Eu	sch	ei	eu	Pf	Qu	St	sp	Au	ei	qu	pf
sp	qu	eu	Pf	sp	qu	sch	eu	Ei	pf	Qu	eu	sp	Pf	Au

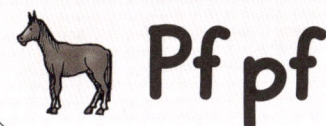

Pf pf

Pf Pf Pf Pf Pf Pf Pf Pf Pf Pf Pf

pf pf pf pf pf pf pf pf pf pf pf pf

Pf Pf Pf

pf pf pf

Pf pf Pf pf Pf pf

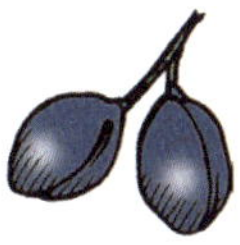 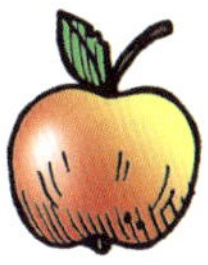 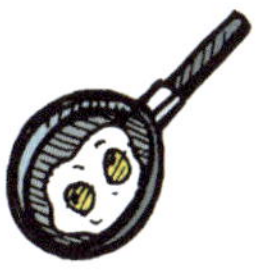 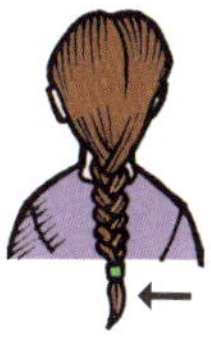

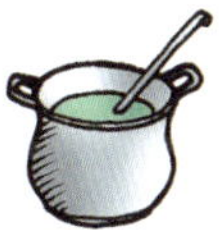 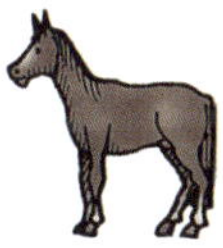 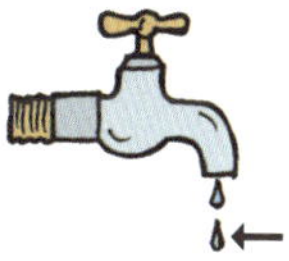 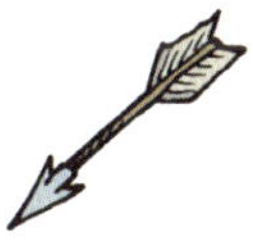

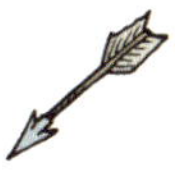 Pfeil Pfeil

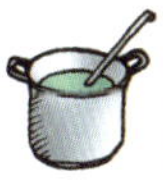 Topf Topf

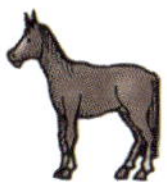 Pferd Pferd

C c

C
c

C C C C C C C C C C C C C C C C

c c c c c c c c c c c c c c c

C c C c C c

Comic — Comic

Cent — Cent

CD — CD

Clown — Clown

Ch

ch

8

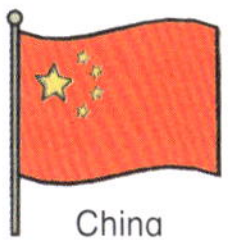

China

Ch Ch Ch Ch Ch Ch Ch Ch Ch Ch Ch

ch ch ch ch ch ch ch ch ch ch ch

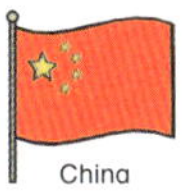

Ch ch Ch ch Ch ch

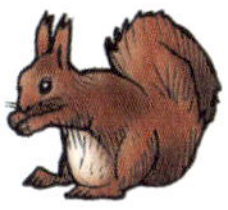

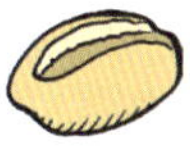

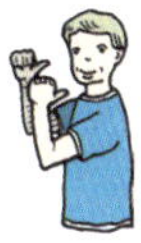

8

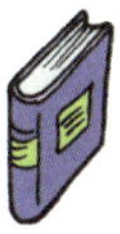

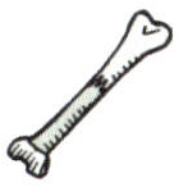

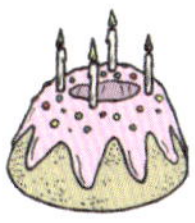

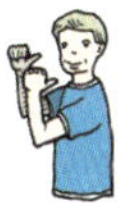

Ich

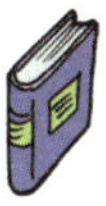

8
Zahlwort
acht

Buch

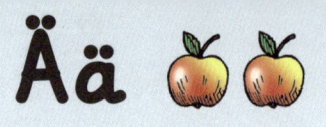

Ää

Ä

ä

3 4

1 2

2 3

1

Ä ä ä Ä

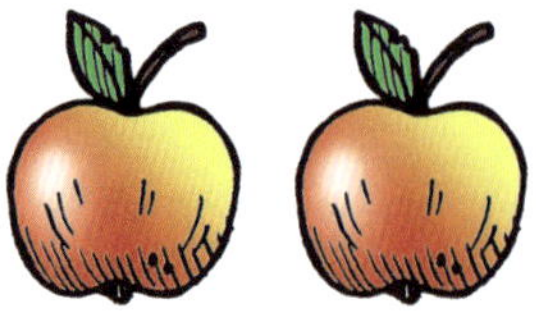

ä Ä Ä ä

Ä Ä Ä Ä Ä Ä Ä Ä Ä Ä Ä Ä Ä Ä

ä ä ä ä ä ä ä ä ä ä ä ä ä ä ä ä

Ä ä Ä ä Ä ä

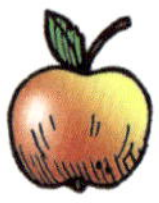 Apfel

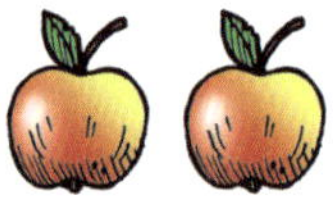 Äpfel

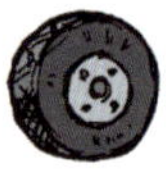 Rad

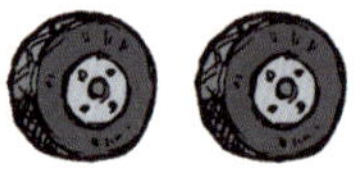 Räder

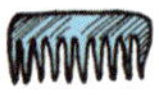 Kamm

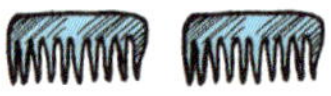 Kämme

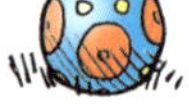 Ball

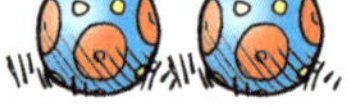 Bälle

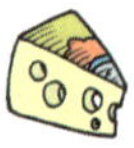 Käse Käse

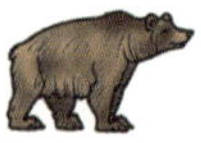 Bär Bär

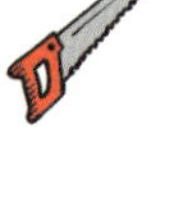 Säge Säge

Ö
Ö

2↑ ↑3
1

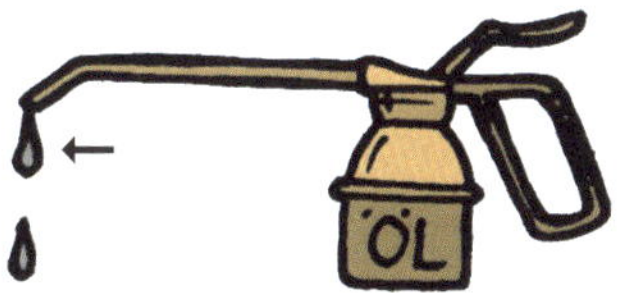

2↑ ↑3
1

Ö

Ö

ÖL

Ö Ö Ö

Ö

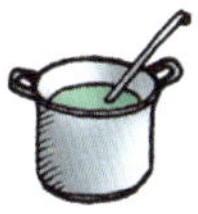

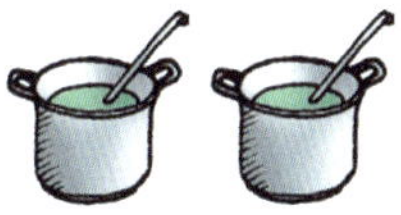

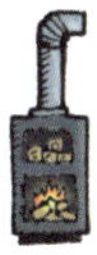

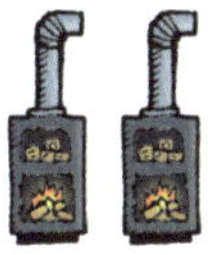

Topf   Töpfe   Ofen   Öfen

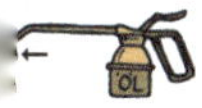

Öl   Öl

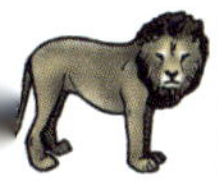

Löwe   Löwe

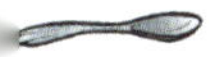

Löffel   Löffel

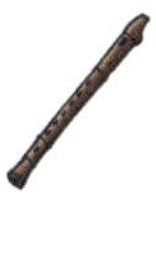

Flöte   Flöte

Ü ü

Ü
ü

2↓ ↑3
1↓

2↓ ↑3
1↓ ↓

Ü
ü
Ü

ü
ü
Ü
ü

Ü U U U U U U U U U U U U U Ü

ü ü ü ü ü ü ü ü ü ü ü ü ü ü

Ü ü Ü ü   Ü ü

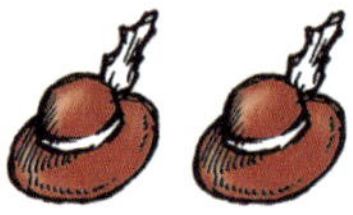

Nuss   Nüsse   Hut   Hüte

Tür   Tür

Müll   Müll

Bügel   Bügel

5
Zahlwort
fünf   fünf

X
x

1 2

1 2

X X X X X X X X X X X X X X X

X X X X X X X X X X X X X X

X x X x X x

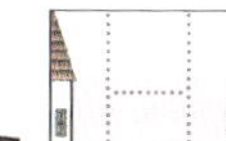

Hexe
Hexe

Axt
Axt

Taxi
Taxi

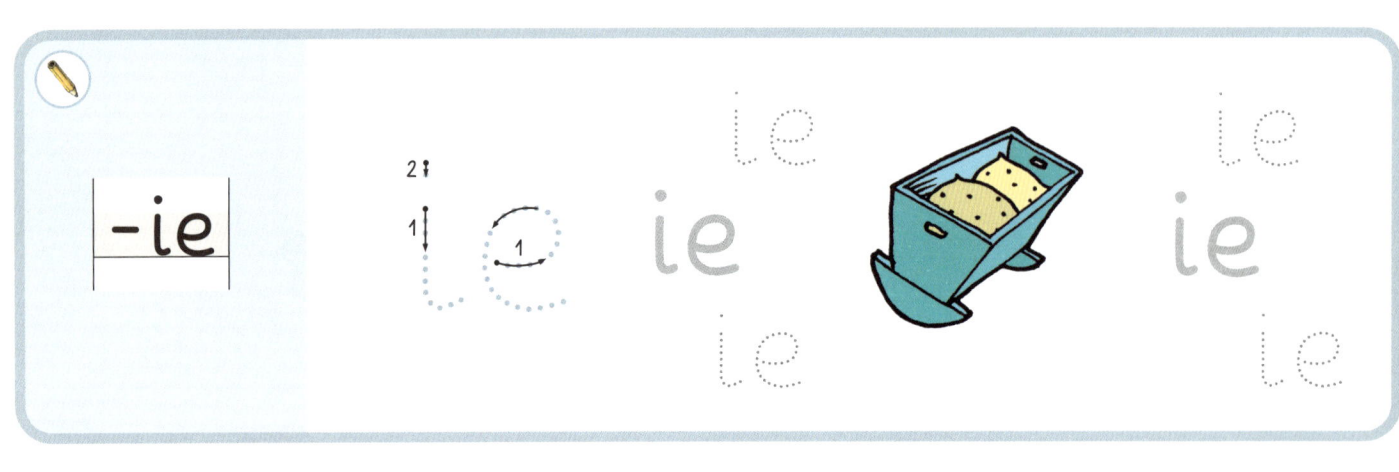

ie ie ie ie ie ie ie ie ie ie ie ie ie

ie ie   ie

   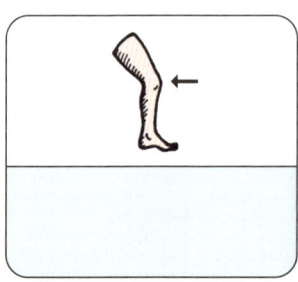

 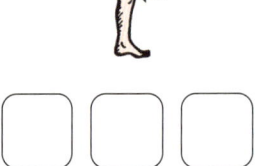  

☐ ☐ ☐   ☐ ☐ ☐   ☐ ☐ ☐   ☐ ☐ ☐

 Brief    Brief

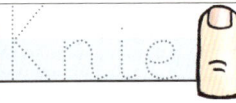 Knie   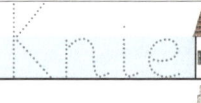 Knie

 Biene   Biene

-ck

ck ck ck ck ck ck ck ck ck ck ck ck

ck ck ck

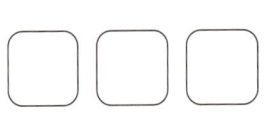

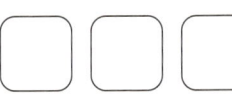

Zucker

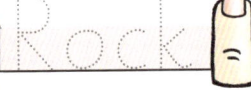
Rock

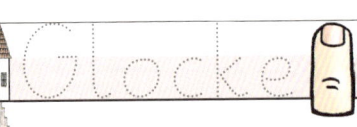
Glocke

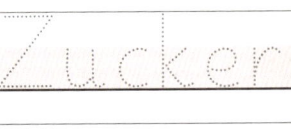
Zucker

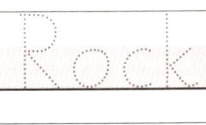
Rock

Glocke

-ng

ng ng ng

ng ng ng

ng ng

ng ng ng ng ng ng ng ng ng ng ng

ng ng   ng

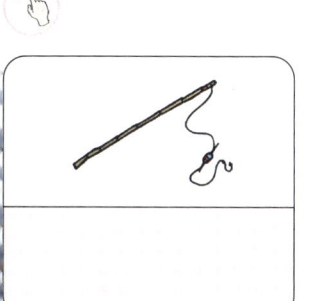  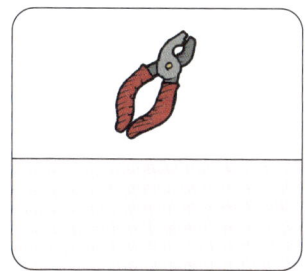 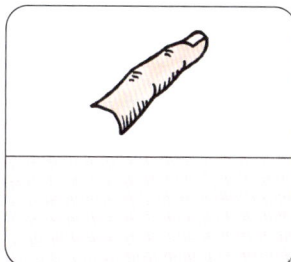

   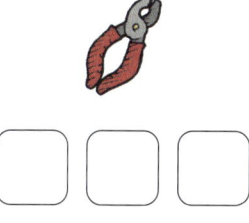

▢ ▢ ▢   ▢ ▢ ▢   ▢ ▢ ▢   ▢ ▢ ▢

  Finger   Finger

  Ring   Ring

Zange   Zange

-ß

β β β β β β β β β β β β β β β

β β   β

Fuß

Soße

Floß

76

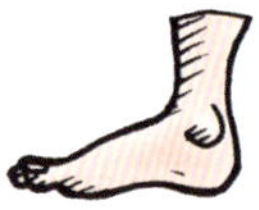

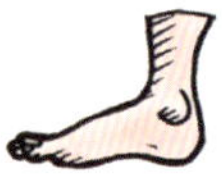

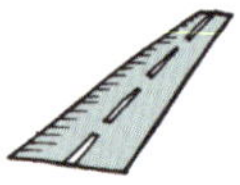

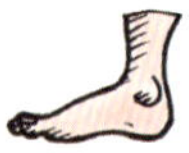

© sternchenverlag GmbH

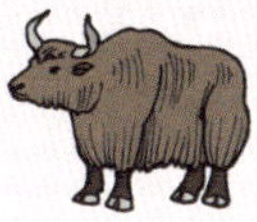

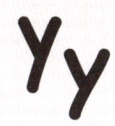

Yy

Y

y

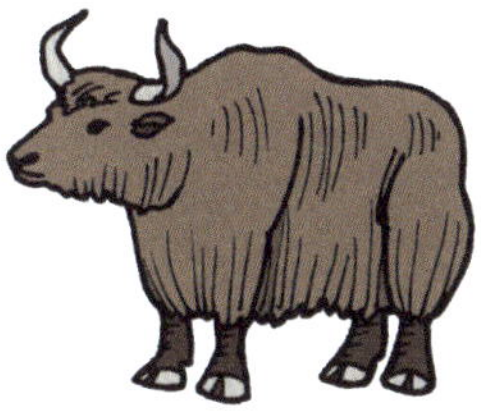

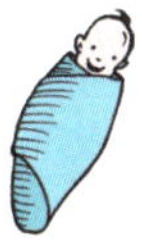

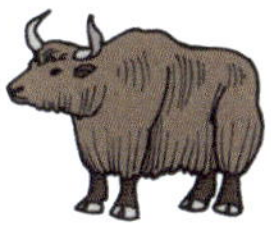

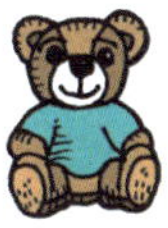

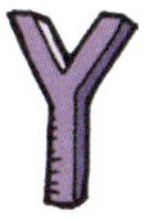

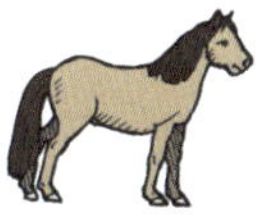

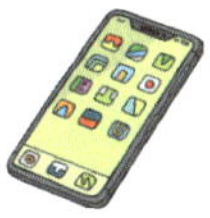

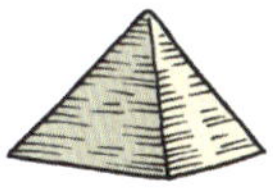

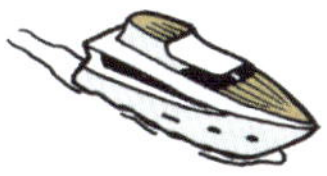

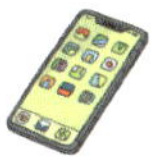
Handy

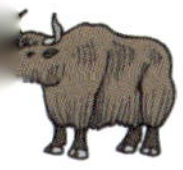
Yak

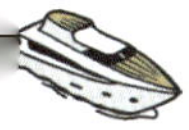
Yacht

Ich übe schreiben

der Wal

Bär   Reh   Schaf   Huhn   Fuchs

Hase   Wolf   Maus   Katze   Hahn   Ente

Elch   Igel   Ziege   Hund   Dachs

der Dachs

Pilz   Palme   Mais   Gras   Apfel

Farn   Tanne   Eiche   Moos   Kiwi   Rose

Kirsche   Birne   Tulpe   Birke   Banane

das Gras

die Sina Blumen gießt

Sina gießt die Blumen.

Ole den Baum auf klettert

an Blume Sina einer riecht

singt Ole Chor im

Tafel der rechnet Sina an

Ole Sandkasten im spielt

 Ordne die Wörter zu einem Satz!

 Pausenbrot ihr isst Sina

 Ole Rolle eine macht

 liest Sina in Buch einem

 Heft sein Ole in schreibt

 Sina Regen im steht

 in badet der Ole Wanne